AF222040

Impressum
Verlag: BABADADA GmbH, Nedderfeld 112 , 22529 Hamburg
Geschäftsführer / Verlagsleitung: Harald Hof
Druck: Books on Demand GmbH, In de Tarpen 42, 22848 Norderstedt

Imprint
Publisher: BABADADA GmbH, Nedderfeld 112 , 22529 Hamburg, Germany
Managing Director / Publishing direction: Harald Hof
Print: Books on Demand GmbH, In de Tarpen 42, 22848 Norderstedt, Germany

skola

בית ספר

klases telpa
כיתה
dalīt
חילק
186/2
tāfele
לוח
skolas pagalms
skolotājs
מורה
papīrs
נייר
rakstīt
כתב
pildspalva
עט
rakstāmgalds
שולחן עבודה
lineāls
סרגל
grāmata
ספר
skolēns
תלמיד

skolas soma

ילקוט

penālis

קלמר

zīmulis

עיפרון

zīmuļu asināmais

מחדד

dzēšgumija

גומי מחיקה

zīmēšanas bloks

חוברת סרטוט

zīmējums

סרטוט

ota

מברשת

krāsas

קופסת צבעים

šķēres

מספריים

līme

דבק

darba burtnīca

ספר תרגול

mājas darbs

שיעור בית

skaitlis

מספר

saskaitīt

חיבר

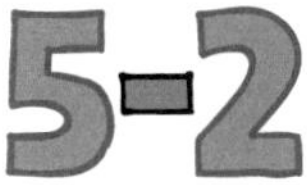

atņemt

חיסר

reizināt

הכפיל

rēķināt

חישב

burts

אות

alfabēts

אלפבית

vārds

מילה

teksts

טקסט

lasīt

קרא

krīts

גיר

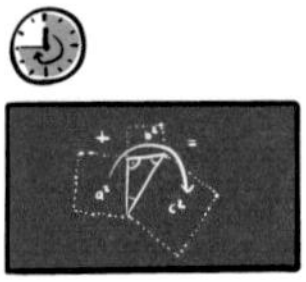

mācību stunda

שיעור

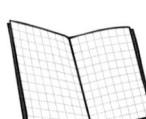

žurnāls

יומן נוכחות

eksāmens

מבחן

liecība

תעודה

skolas forma

תלבושת בית ספר

izglītība

חינוך

enciklopēdija

אנציקלופדיה

universitāte

אוניברסיטה

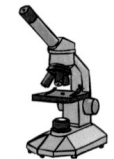

mikroskops

מיקרוסקופ

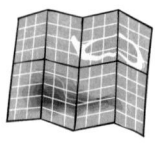

karte

מפה

papīrgrozs

סל נייר

ceļojums

נסיעה

viesnīca
מלון
Grand
hostelis
הוסטל
ROOMS
EXCHANGE
valūtas maiņas punkts
המרת מטבע
čemodāns
מזוודה
automašīna
אוטו

Valoda

שפה

jā / nē

כן / לא

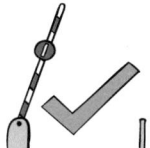

Okay

בסדר

Sveiki!

שלום

tulks

מתרגם

paldies

תודה

Cik maksā...?

?.....כמה עולה

Es nesaprotu

אני לא מבין

problēma

בעיה

Labvakar!

ערב טוב!

Labrīt!

בוקר טוב!

Ar labu nakti!

לילה טוב!

Uz redzēšanos

להתראות

virziens

כיוון

bagāža

כבודה

soma

תיק

mugursoma

תרמיל גב

viesis

אורח

istaba

חדר

guļammaiss

שק שינה

telts

אוהל

tūrisma informācija

מרכז מידע לתיירים

pludmale

חוף ים

kredītkarte

כרטיס אשראי

brokastis

ארוחת בוקר

pusdienas

ארוחת צהריים

vakariņas

ארוחת ערב

biļete

כרטיס

lifts

מעלית

pastmarka

בול

robeža

גבול

muita

מכס

vēstniecība

שגרירות

vīza

אשרה

pase

דרכון

transports
תחבורה

lidmašīna
מטוס
kuģis
אונייה
ugunsdzēsēju mašīna
כבאית
autobuss
אוטובוס
kravas automašīna
משאית
motorlaiva
סירת מנוע
velosipēds
אופניים
automašīna
אוטו

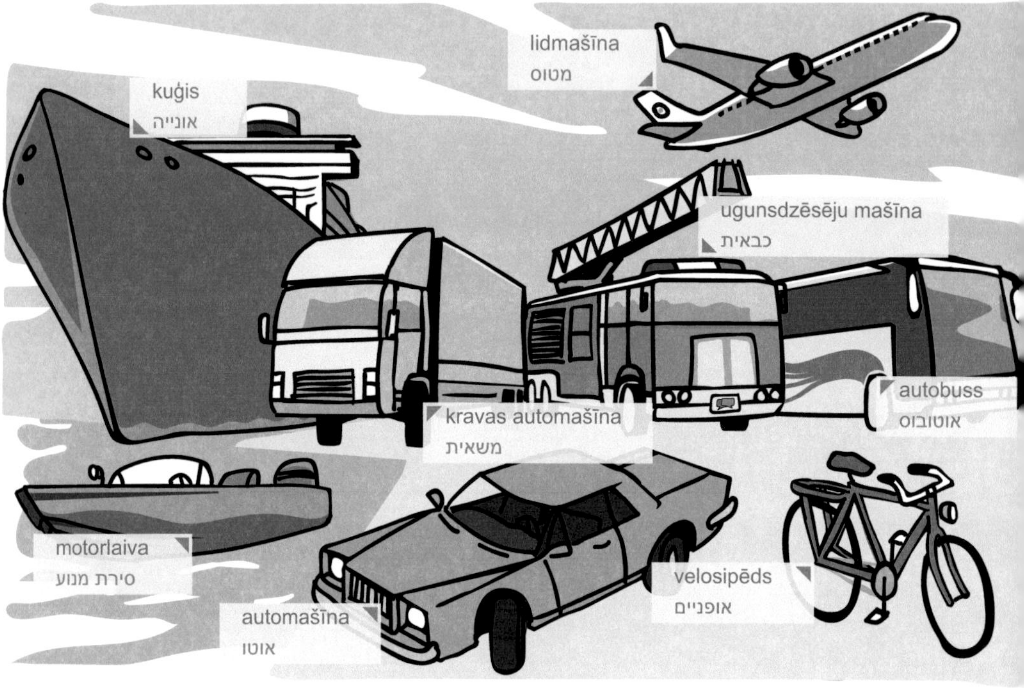

prāmis

מעבורת

laiva

סירה

motocikls

אופנוע

policijas automašīna

ניידת משטרה

sacīkšu automobilis

מכונית מרוץ

nomas auto

רכב שכור

auto koplietošana

מכוניות בשיתוף

evakuators

אוטו גרר

atkritumu mašīna

משאית זבל

dzinējs

מנוע

benzīns

דלק

degvielas uzpildes stacija

תחנת דלק

ceļa zīme

תמרור

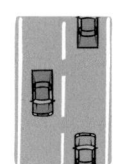

satiksme

תנועה

sastrēgums

פקק תנועה

stāvvieta

חניה

dzelzceļa stacija

תחנת רכבת

sliedes

פסי רכבת

vilciens

רכבת

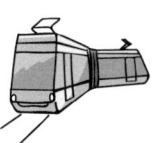

tramvajs

רכבת קלה

vagons

קרון

helikopters

מסוק

lidosta

שדה-תעופה

tornis

מגדל

pasažieris

נוסע

konteiners

קונטיינר

kaste

קרטון

ratiņi

עגלה

grozs

סל

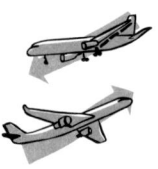

pacelties / nosēsties

המראה / נחיתה

pilsēta

עיר

ciems

כפר

pilsētas centrs

מרכז העיר

māja

בית

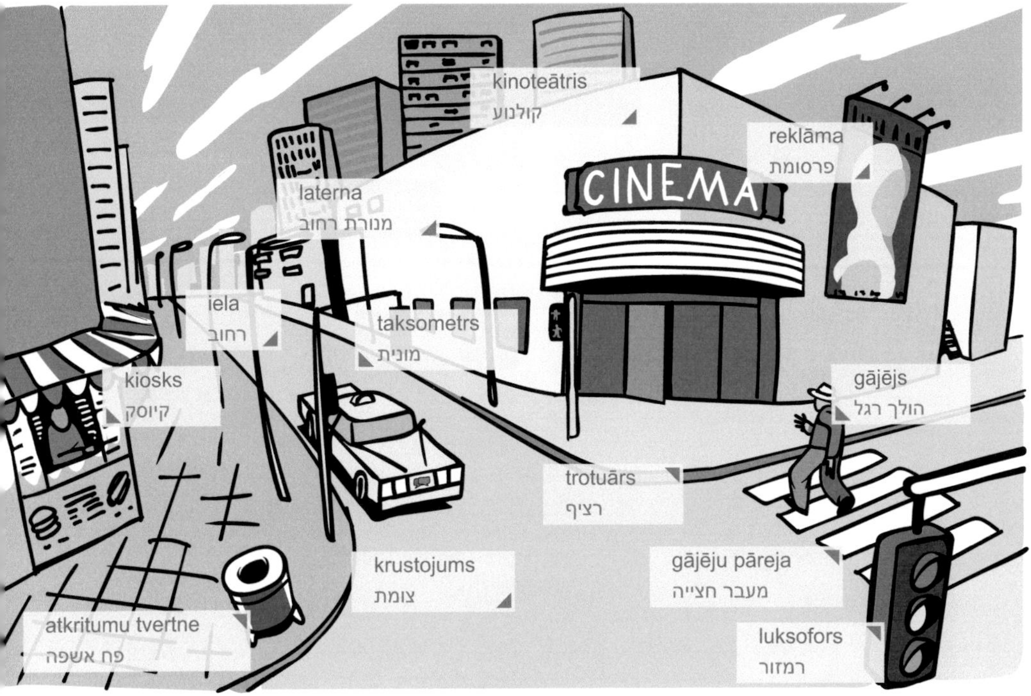

kinoteātris
קולנוע

reklāma
פרסומת

laterna
מנורת רחוב

iela
רחוב

taksometrs
מונית

CINEMA

kiosks
קיוסק

gājējs
הולך רגל

trotuārs
רציף

krustojums
צומת

gājēju pāreja
מעבר חצייה

atkritumu tvertne
פח אשפה

luksofors
רמזור

būda

בקתה

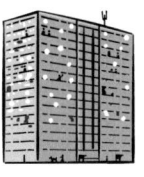

dzīvoklis

דירה

dzelzceļa stacija

תחנת רכבת

rātsnams

עירייה

muzejs

מוזיאון

skola

בית ספר

universitāte

אוניברסיטה

banka

בנק

slimnīca

בית חולים

viesnīca

מלון

aptieka

בית מרקחת

birojs

משרד

grāmatnīca

חנות ספרים

veikals

חנות

ziedu veikals

חנות פרחים

lielveikals

סופרמרקט

tirgus

שוק

tirdzniecības centrs

כל-בו

zivju tirgotājs

מוכר דגים

tirdzniecības centrs

קניון

osta

נמל

parks

פארק

sols

ספסל

tilts

גשר

kāpnes

מדרגות

metro

רכבת תחתית

tunelis

מנהרה

autobusa pieturvieta

תחנת אוטובוס

bārs

בר

restorāns

מסעדה

pastkastīte

תא דואר

ielas nosaukuma plāksne

שלט רחוב

stāvlaika skaitītājs

מדחן

zooloģiskais dārzs

גן חיות

peldbaseins

בריכת שחיה

mošeja

מסגד

zemnieku saimniecība

חווה

vides piesārņojums

זיהום

kapsēta

בית עלמין

baznīca

כנסייה

spēļu laukums

מגרש משחקים

templis

בית מקדש

ainava

נוף

lapa
עלה

ceļrādis
תמרור

ceļš
דרך

pļava
מרעה

akmens
אבן

ceļotājs
מטייל

koks
עץ

upe
נהר

zāle
דשא

puķe
פרח

ieleja

בקעה

kalns

הר

ezers

אגם

mežs

יער

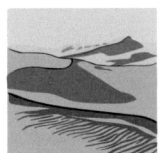

tuksnesis

מדבר

vulkāns

הר געש

pils

טירה

varavīksne

קשת בענן

sēne

פטריה

palma

דקל

moskīts

יתוש

muša

זבוב

skudra

נמלה

bite

דבורה

zirneklis

עכביש

vabole

חיפושית

varde

צפרדע

vāvere

סנאי

ezis

קיפוד

zaķis

ארנב

pūce

ינשוף

putns

ציפור

gulbis

ברבור

meža cūka

חזיר בר

briedis

צבי

alnis

אייל הקורא

aizsprosts

סכר

vēja ģenerators

טורבינת רוח

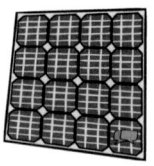

saules baterija

פנל סולארי

klimats

אקלים

viesmīlis
מלצר

ēdienkarte
תפריט

krēsls
כסא

zupa
מרק

pica
פיצה

galda piederumi
סכו"ם

galdauts
מפת שולחן

uzkoda

מנת פתיחה

pamatēdiens

מנה עיקרית

deserts

קינוח

dzērieni

שתיות

ēdiens

אוכל

pudele

בקבוק

ātrās uzkodas

מזון מהיר

ielu uzkodas

אוכל רחוב

tējkanna

קנקן תה

cukurtrauks

מסכרת

porcija

מנה

espresso kafijas automāts

מכונת אספרסו

bāra krēsls

כסא תינוק

rēķins

חשבון

paplāte

מגש

nazis

סכין

dakša

מזלג

karote

כף

tējkarote

כפית

salvete

מפית

glāze

כוס

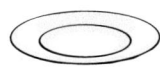

šķīvis

צלחת

zupas šķīvis

קערת מרק

apakštase

תחתית

mērce

רוטב

sāls trauciņš

מלחייה

piparu dzirnaviņas

מטחנת פלפל

etiķis

חומץ

eļļa

שמן

garšvielas

תבלינים

kečups

קטשופ

sinepes

חרדל

majonēze

מיונז

lielveikals

סופרמרקט

piedāvājums
מבצע
klients
לקוח
piena produkti
מוצרי חלב
augļi
פירות
iepirkumu ratiņi
עגלת קניות

kautuve

אטליז

maizes veikals

מאפייה

svērt

שקל

dārzeņi

ירקות

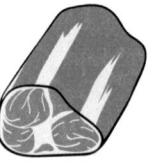

gaļa

בשר

saldēti produkti

מזון קפוא

aukstās gaļas uzkodas

בשר קר

konservi

שימורים

pulveris

אבקת כביסה

saldumi

ממתקים

mājsaimniecības preces

מוצרי בית

tīrīšanas līdzeklis

חומר ניקוי

pārdevēja

מוכרת

kase

קופה

kasieris

קופאי

iepirkumu saraksts

רשימת קניות

darba laiks

שעות פתיחה

maks

ארנק

kredītkarte

כרטיס אשראי

soma

תיק

maisiņš

שקית ניילון

dzērieni
שתיות

ūdens

מים

sula

מיץ

piens

חלב

kola

קולה

vīns

יין

alus

בירה

alkohols

אלכוהול

kakao

קקאו

tēja

תה

kafija

קפה

espresso

אספרסו

kapučīno

קפוצ'ינו

ēdiens
אוכל

banāns

בננה

ābols

תפוח

apelsīns

תפוז

melone

אבטיח

citrons

לימון

burkāns

גזר

ķiploks

שום

bambuss

במבוק

sīpols

בצל

sēne

פטריות

rieksti

אגוזים

makaroni

אטריות

spageti

ספגטי

rīsi

אורז

salāti

סלט

frī kartupeļi

צ'יפס

cepti kartupeļi

צ'יפס

pica

פיצה

hamburgers

המבורגר

sviestmaize

כריך

šnicele

שניצל

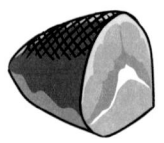

šķiņķis

שינקין

salami

סלאמי

desa

נקניקיה

vista

עוף

cepetis

טיגון

zivs

דג

auzu pārslas

שיבולת שועל

muslis

מוזלי

brokastu pārslas

קורנפלקס

milti

קמח

radziņš

קרואסון

brokastu maizītes

לחמנייה

maize

לחם

tostermaize

טוסט

cepumi

עוגיות

sviests

חמאה

biezpiens

גבינה לבנה

kūka

עוגה

ola

ביצה

cepta ola

ביצת עין

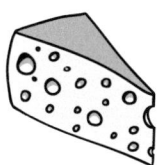

siers

גבינה

saldējums

גלידה

cukurs

סוכר

medus

דבש

marmelāde

ריבה

riekstu krēms

ממרח נוגט

karijs

קארי

zemnieku saimniecība

חווה

salmu rullis
חבילת שחת
šķūnis
אסם
lauks
שדה
zirgs
סוס
piekabe
עגלת נגרר
traktors
טרקטור
kumeļš
סייח
ēzelis
חמור
aita
כבש
jērs
טלה

kaza

עז

govs

פרה

teļš

עגל

cūka

חזיר

sivēns

חזרזיר

bullis

שור

zoss

אווז

pīle

ברווז

cālis

אפרוח

vista

תרנגולת

gailis

תרנגול

žurka

חולדה

kaķis

חתול

pele

עכבר

vērsis

שור

suns

כלב

suņa būda

מלונה

dārza šļūtene

צינור השקיה

lejkanna

קנקן מים

izkapts

חרמש

arkls

מחרשה

sirpis

מגל

kaplis

מגרפה

mēslu dakša

קלשון

cirvis

גרזן

ķerra

מריצה

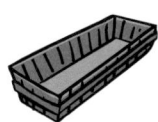

sile

שוקת

piena kanna

כד חלב

maiss

שק

žogs

גדר

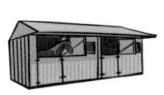

kūts

אורווה

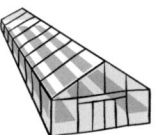

siltumnīca

חממה

augsne

אדמה

sēklas

זרע

mēslojums

דשן

kombains

מקצרה

novākt ražu

קצר

raža

קציר

jamss

בטטה אפריקנית

kvieši

חיטה

soja

סויה

kartupelis

תפוח אדמה

kukurūza

תירס

rapsis

קנולה

augļu koks

עץ פירות

manioka

קסבה

labība

דגנים

māja

בית

skurstenis
ארובה
jumts
גג
lietus noteka
מרזב
logs
חלון
garāža
מוסך
durvju zvans
פעמון
durvis
דלת
atkritumu spainis
פח אשפה
pastkastīte
תיבת מכתבים
dārzs
גינה

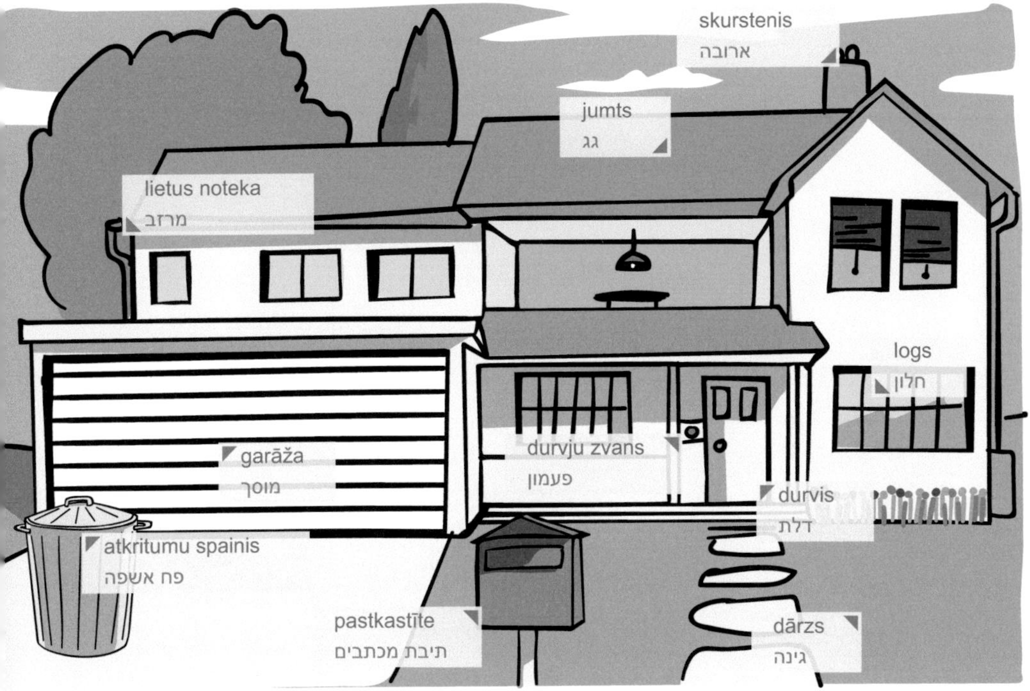

viesistaba

סלון

vannas istaba

חדר אמבטיה

virtuve

מטבח

guļamistaba

חדר שינה

bērnu istaba

חדר ילדים

ēdamistaba

חדר אוכל

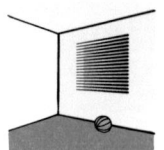

grīda

רצפה

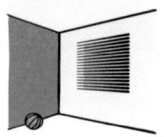

siena

קיר

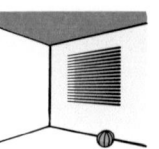

griesti

תקרה

pagrabs

מרתף

sauna

סאונה

balkons

מרפסת

terase

מרפסת

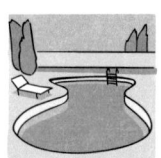

baseins

בריכה

zāles pļāvējs

מכסחת דשא

gultas veļa

סדין

sega

כיסוי מיטה

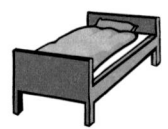

gulta

מיטה

slota

מטאטא

spainis

דלי

slēdzis

מפסק

viesistaba
סלון

tapetes
טפט
attēls
תמונה
lampa
מנורה
plaukts
מדף
skapis
ארון
televizors
טלוויזיה
kamīns
אח
puķe
פרח
spilvens
כרית
dīvāns
ספה
vāze
אגרטל
tālvadības pults
שלט רחוק

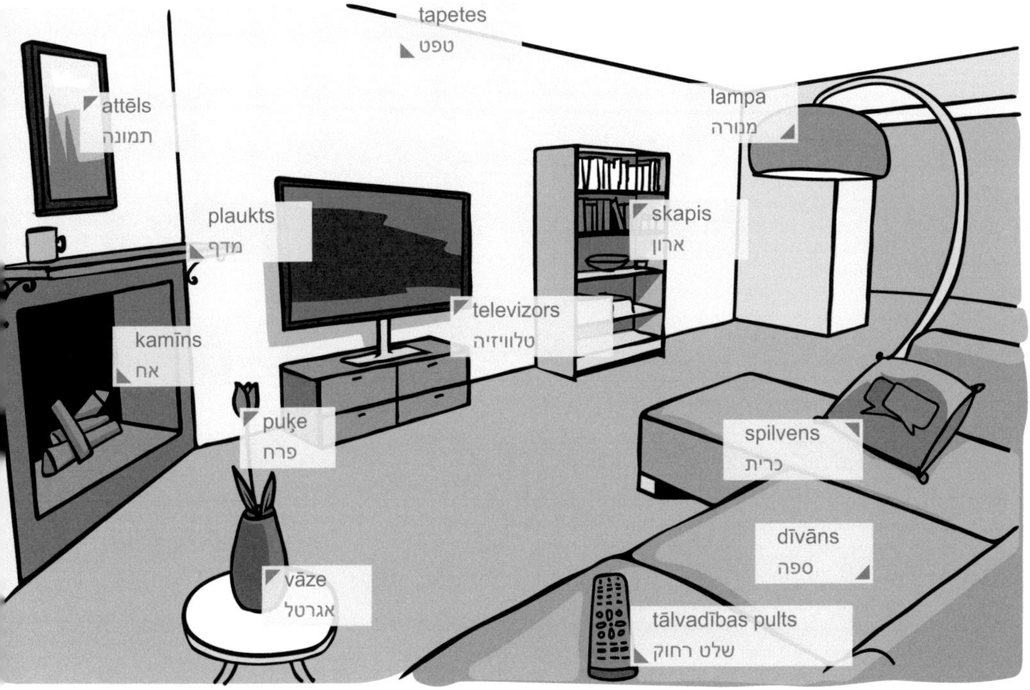

paklājs
שטיח

aizkars
וילון

galds
שולחן

krēsls
כסא

šūpuļkrēsls
כיסא נדנדה

atpūtas krēsls
כורסה

grāmata

ספר

sega

שמיכה

dekorācija

דקורציה

malka

עצי הסקה

filma

סרט

mūzikas centrs

מערכת סטריאו

atslēga

מפתח

avīze

עיתון

glezna

ציור

plakāts

פוסטר

radio

רדיו

pierakstu blociņš

מחברת

putekļu sūcējs

שואב אבק

kaktuss

קקטוס

svece

נר

virtuve
מטבח

ledusskapis
מקרר
mikroviļņu krāsns
מיקרוגל
virtuves svari
מאזני מטבח
tosteris
טוסטר
tīrīšanas līdzekļi
חומר ניקוי
cepeškrāsns
תנור
saldēšanas kamera
מקפיא
atkritumu spainis
פח אשפה
trauku mazgājamā mašīna
מדיח כלים

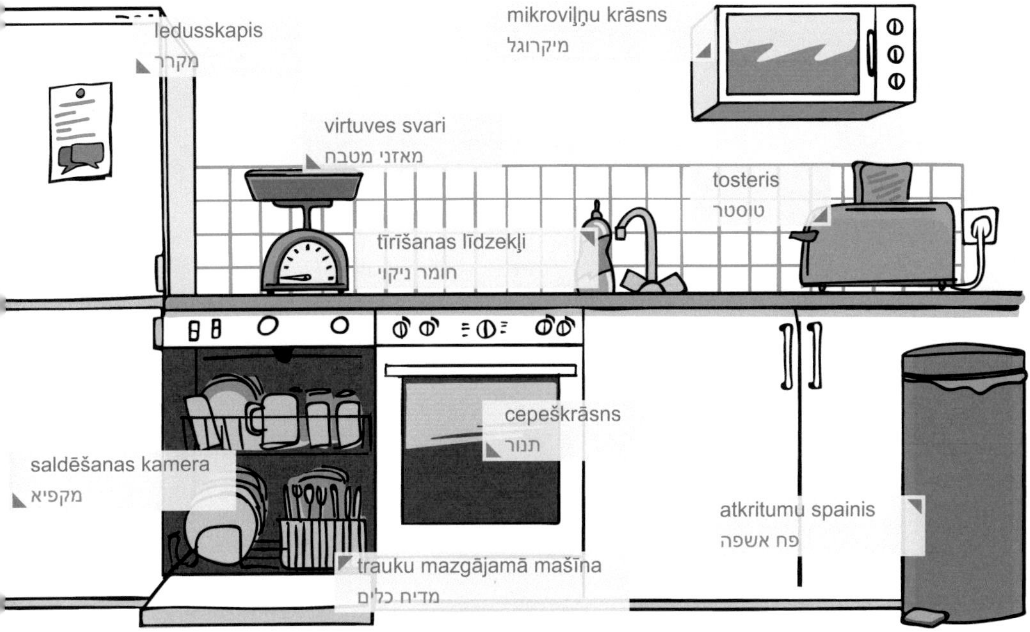

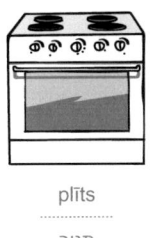

plīts
תנור

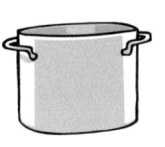

pods
סיר

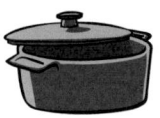

katls
סיר ברזל

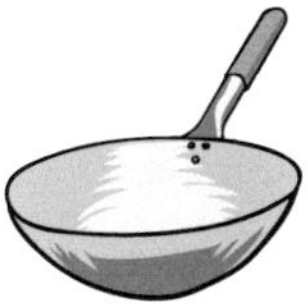

Wok panna
ווק

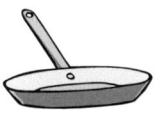

panna
מחבת

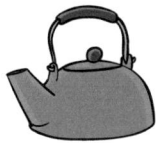

elektriskā tējkanna
קומקום חשמלי

tvaika katls

מאדה

cepešpanna

מגש אפייה

trauki

כלי אוכל

krūze

ספל

bļoda

קערה

irbulīši

צ'ופסטיקס

kauss

מצקת

lāpstiņa

מרית

putošanas slotiņa

מטרפה

sietiņš

מסננת בישול

siets

מסננת

rīve

מגרדת

piesta

מכתש

grilēt

גריל

atklāts pavards

מדורה

dēlis

קרש חיתוך

mīklas rullis

מערוך

korķu viļķis

פותחן פקקים

bundža

פחית

konservu nazis

פותחן קופסאות

virtuves cimdi

מטלית

izlietne

כיור

birste

מברשת

sūklis

ספוג

mikseris

בלנדר

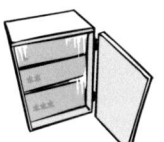

saldētava

מקפיא

bērna pudelīte

בקבוק לתינוק

ūdenskrāns

ברז

vannas istaba

חדר אמבטיה

apkure
חימום
duša
מקלחת
dvielis
מגבת
dušas aizkari
וילון מקלחת
glāze
כוס
veļas mašīna
מכונת כביסה
ūdenskrāns
ברז
flīzes
אריחים
podiņš
סיר לילה
izlietne
כיור

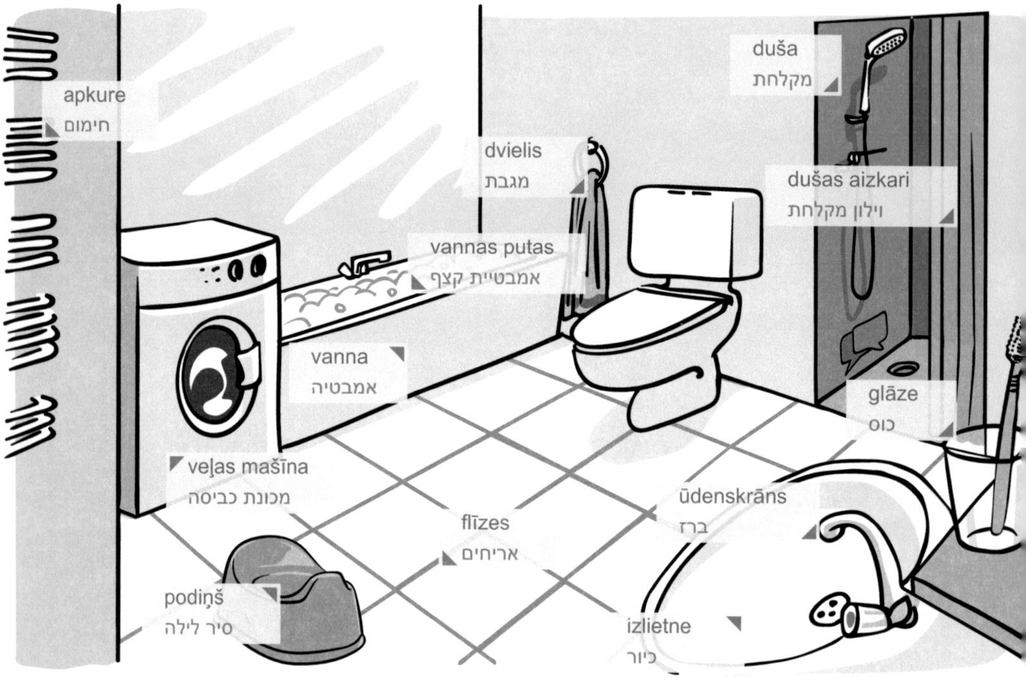

tualetes pods

אסלה

Āzijas tipa tualete

אסלת כריעה

bidē

בידה

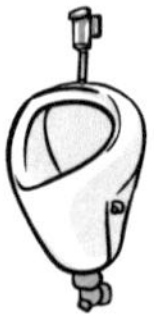

pisuārs

משתנה

tualetes papīs

נייר טואלט

tualetes birste

מברשת אסלה

zobu birste

מברשת שיניים

zobu pasta

משחת שיניים

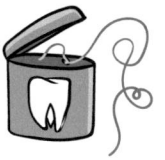

zobu diegs

חוט דנטלי

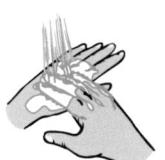

mazgāt

שטף

rokas duša

מקלחת יד

duša

צינור שטיפה לשירותים

bļoda

קערת רחצה

muguras mazgāšanas birste

מברשת גב

ziepes

סבון

dušas želeja

ג'ל רחצה

šampūns

שמפו

mazgāšanas drāna

ליפה

noteka

ניקוז

krēms

קרם

dezodorants

דיאודורנט

spogulis

מראה

spogulītis

מראת יד

skuveklis

סכין גילוח

skūšanās putas

קצף גילוח

losjons pēc skūšanās

אפטרשייב

ķemme

מסרק

matu suka

מברשת

matu fēns

מייבש שיעור

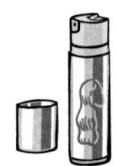

matu laka

ספריי לשיער

grima komplekts

איפור

lūpu krāsa

שפתון

nagulaka

לק

vate

צמר גפן

šķērītes

מספריים לציפורניים

smaržas

בושם

kosmētikas maks

תיק כלי רחצה

ķeblītis

שרפרף

svari

משקל

halāts

חלוק רחצה

tīrīšanas cimdi

כפפות גומי

tampons

טמפון

pakete

תחבושת סניטרית

ķīmiskā tualete

שירותים כימיקליים

bērnu istaba

חדר ילדים

modinātājs
שעון מעורר
mīkstā rotaļlieta
צעצוע חיבוק
spēļu automašīna
מכונית צעצוע
grabulis
רעשן
leļļu māja
בית בובות
dāvana
מתנה

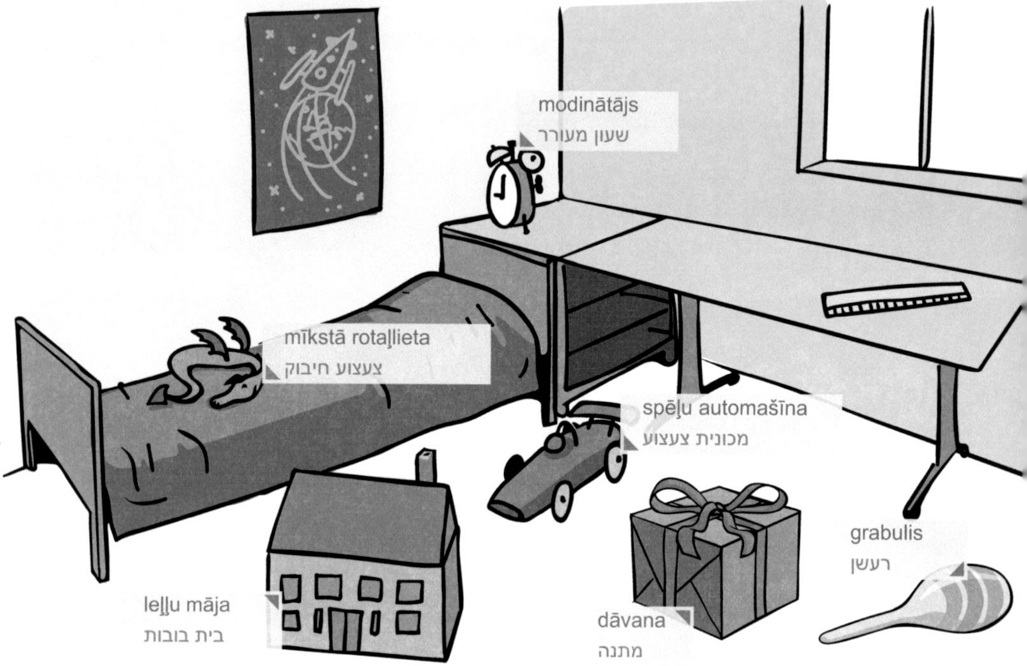

balons

בלון

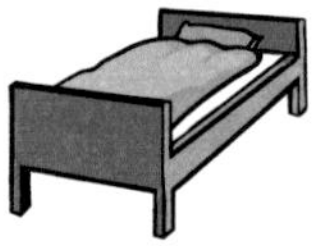

gulta

מיטה

bērnu ratiņi

עגלה

kārtis

משחק קלפים

puzle

פאזל

komikss

קומיקס

LEGO klucīši

לגו

klucīši

קוביות משחק

varoņu figūra

דמות משחק

rāpulītis

סרבל תינוקות

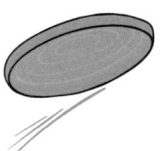

lidojošais šķīvītis

פריזבי

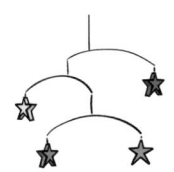

muzikālais karuselis

נייד

galda spēle

משחק לוח

metamais kauliņš

קוביה

rotaļu dzelzceļš

רכבת צעצוע

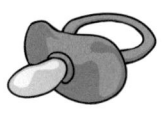

māneklis

מוצץ

ballīte

מסיבה

bilžu grāmata

אלבום תמונות

bumba

כדור

lelle

בובה

spēlēt

שיחק

smilšu kaste

ארגז חול

šūpoles

נדנדה

rotaļlietas

צעצועים

spēļu konsole

קונסולת משחקים

trīsritenis

אופניים תלת גלגלי

plīša lācītis

דובון

drēbju skapis

ארון בגדים

apģērbs

בגדים

īszeķes

גרביים

zeķes

גרביונים

zeķbikses

גרביון

šalle
צעיף

lietussargs
מטריה

T-krekls
חולצת טי

siksna
חגורה

zābaks
מגפיים

botas
נעלי ספורט

čības
נעלי בית

sandales

סנדלים

kurpes

נעליים

gumijas zābaki

מגפי גומי

apakšbikses

תחתונים

krūšturis

חזייה

apakškrekls

וסט

bodijs

גוף

bikses

מכנסיים

džinsi

ג'ינס

svārki

חצאית

blūze

חולצה מכופתרת

krekls

חולצה

pulovers

אפודה

džemperis

סווצ'ר עם קפוצ'ון

žakete

בלייזר

jaka

ז'קט

mētelis

מעיל

lietus mētelis

מעיל גשם

kostīms

תלבושת

kleita

שמלה

kāzu kleita

שמלת כלה

uzvalks

חליפה

naktskrekls

כותונת לילה

pidžama

פיג'מה

sari

סארי

lakats

מטפחת ראש

turbāns

טורבן

burka

בורקה

kaftāns

קאפטן

abaja

עבאיה

peldkostīms

בגד ים

peldbikses

בגד ים

šorti

מכנסיים קצרים

treniņtērps

בגד אימון

priekšauts

סינר

cimdi

כפפות

poga

כפתור

brilles

משקפיים

rokassprādze

צמיד יד

kaklarota

שרשרת

gredzens

טבעת

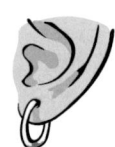

auskars

עגיל

cepure

כובע

drēbju pakaramais

קולב

platmale

כובע

kaklasaite

עניבה

rāvējslēdzējs

רוכסן

ķivere

קסדה

bikšturi

כתפיות

skolas forma

תלבושת בית ספר

uniforma

מדים

priekšautiņš

מפית אוכל

māneklis

מוצץ

autiņbiksītes

חיתול

birojs

משרד

serveris
שרת
dokumentu skapis
תיקייה
printeris
מדפסת
papīrs
נייר
monitors
מסך
rakstāmgalds
שולחן עבודה
pele
עכבר
dokumentu vāki
תיק
klaviatūra
מקלדת
papīrgrozs
סל נייר
dators
מחשב
krēsls
כסא

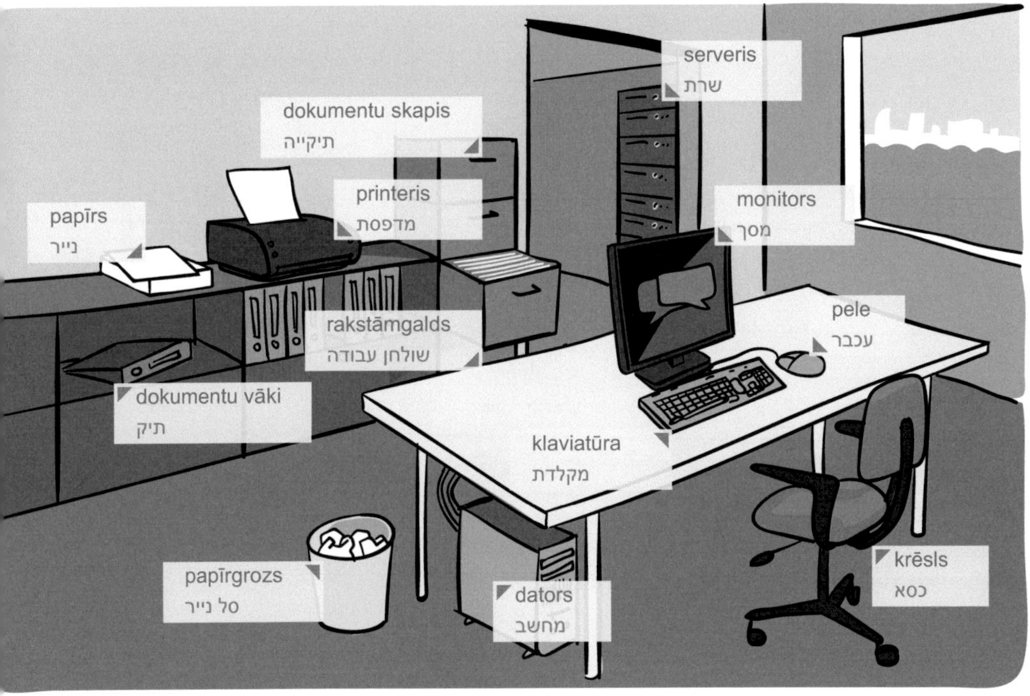

kafijas krūze

ספל קפה

kalkulators

מחשבון

internets

אינטרנט

portatīvais dators

מחשב נייד

vēstule

מכתב

ziņa

הודעה

mobilais tālrunis

נייד

tīkls

רשת

kopētājs

מכונת צילום

programmatūra

תוכנה

telefons

טלפון

rozete

שקע

faksa aparāts

פקס

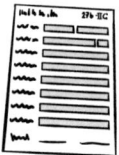

formulārs

טופס

dokuments

מסמך

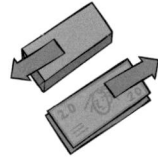

pirkt

קנה

samaksāt

שילם

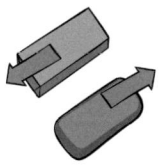

tirgot

סחר

nauda

כסף

dolārs

דולר

eiro

יורו

jēna

ין

rublis

רובל

franks

פרנק שווייצרי

juaņa renminbi

יואן רנמינבי

rūpija

רופי

bankomāts

כספומט

valūtas maiņas punkts

המרת מטבע

zelts

זהב

sudrabs

כסף

nafta

נפט

enerģija

אנרגיה

cena

מחיר

līgums

חוזה

nodoklis

מס

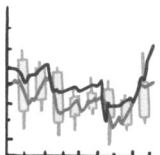

akcija

מנייה

strādāt

עבד

darbinieks

עובד

darba devējs

מעסיק

fabrika

מפעל

veikals

חנות

policists
שוטר

ugunsdzēsējs
כבאי

pavārs
טבח

ārsts
רופא

pilots
טייס

dārznieks
גנן

galdnieks
נגר

šuvēja
תופרת

tiesnesis
שופט

ķīmiķis
כימאי

aktieris
שחקן

autobusa vadītājs

נהג אוטובוס

taksometra vadītājs

נהג מונית

zvejnieks

דייג

apkopēja

עובדת נקיון

jumiķis

מתקן גגות

viesmīlis

מלצר

mednieks

צייד

gleznotājs

צייר

maiznieks

אופה

elektriķis

חשמלאי

celtnieks

עובד בניין

inženieris

מהנדס

miesnieks

קצב

skārdnieks

אינסטלטור

pastnieks

דוור

karavīrs

חייל

arhitekts

אדריכל

kasieris

קופאי

florists

מוכר פרחים

frizieris

ספר

konduktors

כרטיסן

mehāniķis

מכונאי

kapteinis

קברניט

zobārsts

רופא שיניים

zinātnieks

מדען

rabīns

רב

imāms

אימאם

mūks

נזיר

mācītājs

כומר

instrumenti

כלי עבודה

āmurs
פטיש
knaibles
צבת
skrūvgriezis
מברג
uzgriežņu atslēga
מפתח ברגים
kabatas lukturīti
פנס

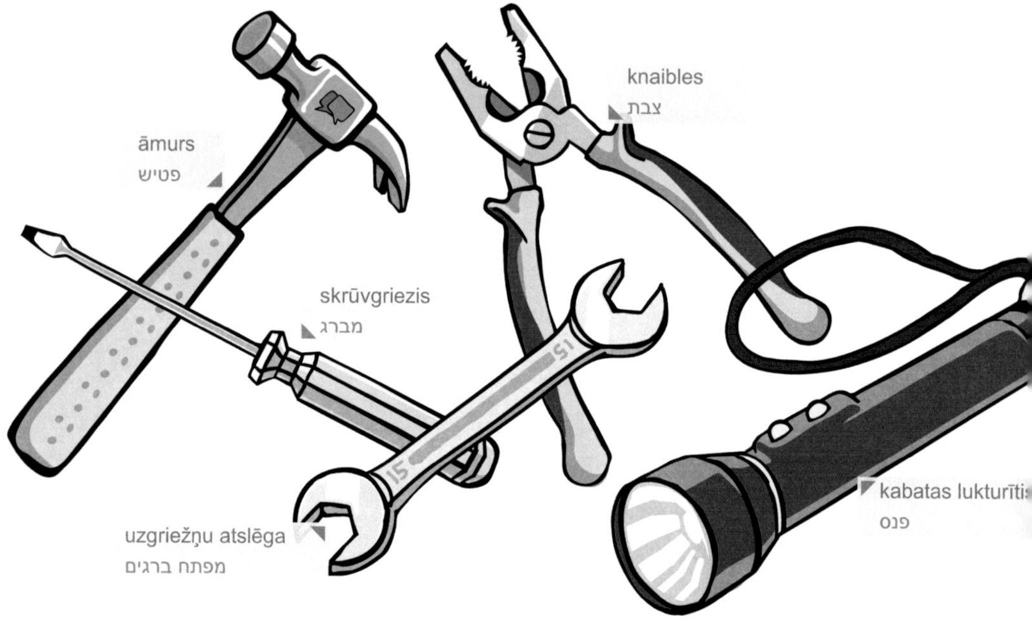

ekskavators

דחפור

instrumentu kaste

ארגז כלים

kāpnes

סולם

zāģis

מסור

naglas

מסמרים

urbis

מקדחה

remontēt

תיקן

lāpsta

את חפירה

Velns!

!לעזאזל

liekšķere

יעה

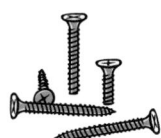

krāsas bundža

פח צבע

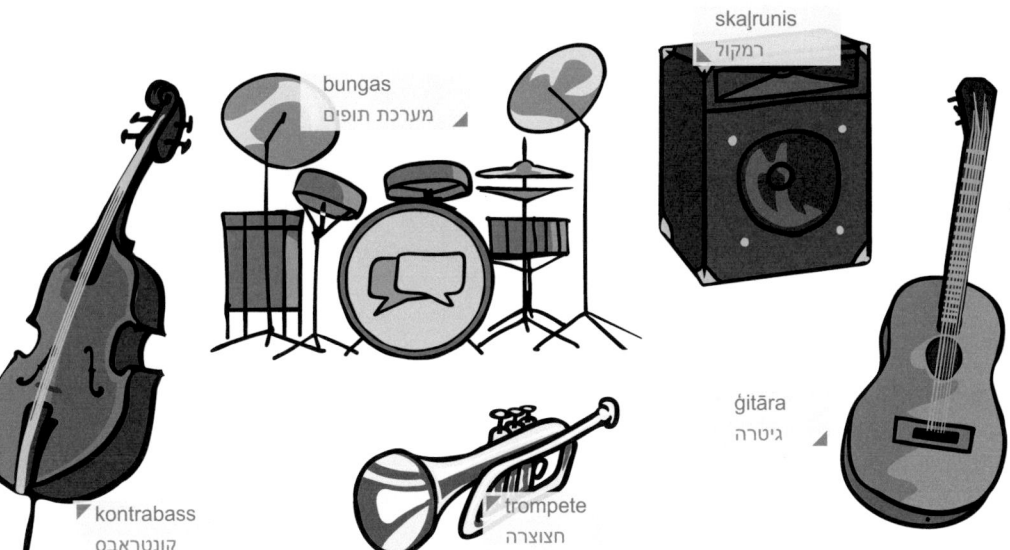

skrūves

ברגים

mūzikas instrumenti

כלי נגינה

skaļrunis
רמקול
bungas
מערכת תופים
ģitāra
גיטרה
kontrabass
קונטראבס
trompete
חצוצרה

klavieres

פסנתר

vijole

כינור

bass

בס

timpāni

תוף הדוד

bungas

תופים

digitālās klavieres

מקלדת פסנתר

saksofons

סקסופון

flauta

חליל

mikrofons

מיקרופון

zooloģiskais dārzs

גן חיות

ieeja
כניסה
tīģeris
נמר
būris
כלוב
zebra
זברה
dzīvnieku barība
מזון לחיות
panda
פנדה

dzīvnieki

בעלי חיים

zilonis

פיל

ķengurs

קנגרו

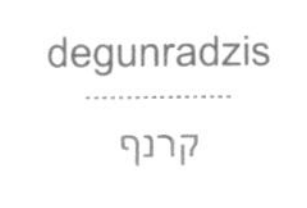

degunradzis

קרנף

gorilla

גורילה

lācis

דוב

kamielis

גמל

strauss

יען

lauva

אריה

pērtiķis

קוף

flamings

פלמינגו

papagailis

תוכי

polārlācis

דוב הקרח

pingvīns

פינגווין

haizivs

כריש

pāvs

טווס

čūska

נחש

krokodils

תנין

zoodārza sargs

שומר גן החיות

ronis

כלב ים

jaguārs

יגואר

ponijs

סוס פוני

leopards

לאופרד

nīlzirgs

היפופוטאם

žirafe

ג'ירפה

ērglis

נשר

meža cūka

חזיר בר

zivs

דג

bruņurupucis

צב

valzirgs

סוס ים

lapsa

שועל

gazele

איילה

sports
ספורט

amerikāņu futbols
פוטבול אמריקאי
riteņbraukšana
רכיבת אופניים
teniss
טניס
basketbols
כדורסל
peldēšana
שחיה
bokss
אגרוף
hokejs
הוקי

futbols

כדורגל

badmintons

בדמינטון

vieglatlētika

אתלטיקה

rokas bumba

כדור-יד

slēpošana

עשה סקי

polo

פולו

darbības

פעילויות

lēkt
קפץ
apskaut
חיבק
smieties
צחק
iet
הלך
dziedāt
שר
sapņot
חלם
lūgt
התפלל
skūpstīt
נשק

rakstīt

כתב

zīmēt

צייר

rādīt

הראה

spiest

דחף

dot

נתן

ņemt

לקח

būt

יש / להיות הבעלים

darīt

עשה

būt

היה

stāvēt

עמד

skriet

רץ

vilkt

משך

mest

זרק

krist

נפל

gulēt

שכב

gaidīt

חיכה

nest

סחב

sēdēt

ישב

uzģērbt

התלבש

gulēt

ישן

pamosties

התעורר

skatīties

הסתכל ב-

raudāt

בכה

glāstīt

ליטף

ķemmēt

סירק

runāt

דיבר

saprast

הבין

jautāt

שאל

dzirdēt

שמע

dzert

שתה

ēst

אכל

sakārtot

סידר

mīlēt

אהב

vārīt

בישל

braukt

נהג

lidot

עף

burot

שט

rēķināt

חישב

lasīt

קרא

mācīties

למד

strādāt

עבד

precēties

התחתן

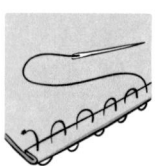

šūt

תפר

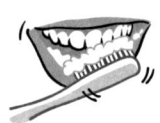

tīrīt zobus

ציחצח שיניים

nogalināt

הרג

smēķēt

עישן

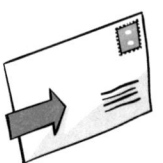

sūtīt

שלח

ģimene

משפחה

vecāmāte
סבתא
vectēvs
סבא
tēvs
אבא
māte
אימא
mazulis
תינוק
meita
בת
dēls
בן

viesis

אורח

tante

דודה

onkulis

דוד

brālis

אח

māsa

אחות

ķermenis

גוף

piere
מצח
acs
עין
plecs
כתף
pirksts
אצבע
seja
פנים
zods
סנטר
roka
כף יד
kāja
רגל
krūtis
חזה
roka
זרוע

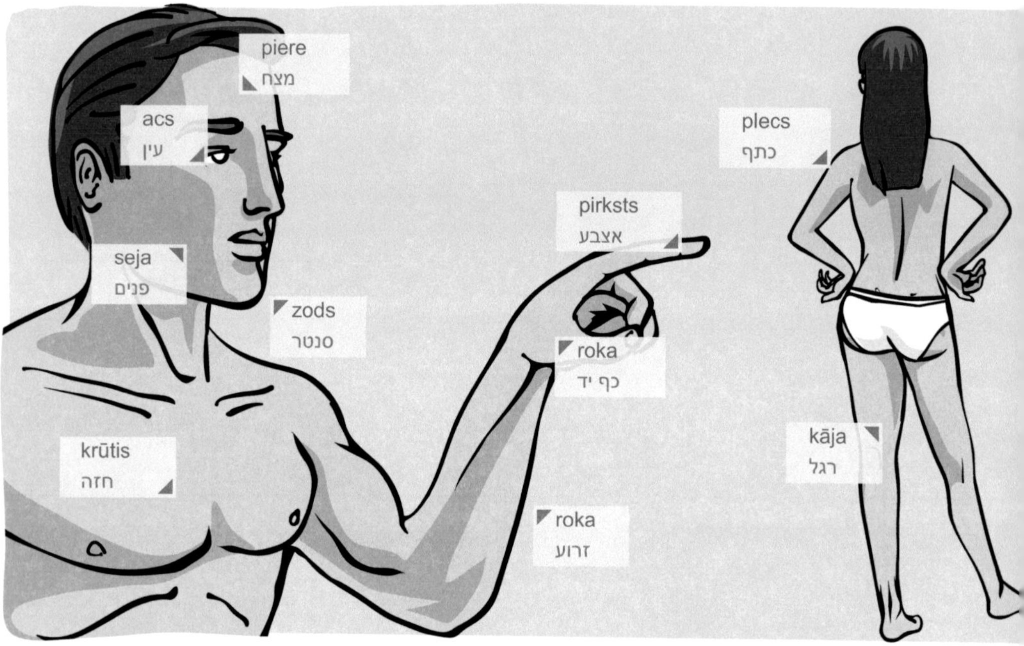

mazulis
תינוק

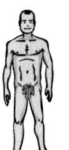

vīrietis
איש

sieviete
אישה

meitene
ילדה

zēns
ילד

galva
ראש

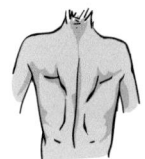

mugura

גב

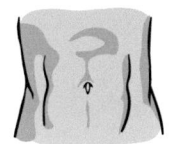

vēders

בטן

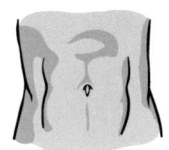

naba

טבור

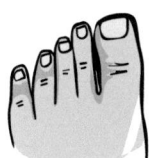

kājas pirksts

אצבע

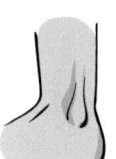

papēdis

עקב

kauls

עצם

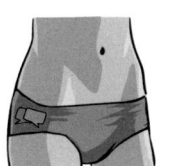

gurns

ירך

celis

ברך

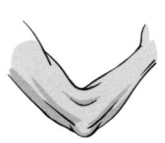

elkonis

מרפק

deguns

אף

dibens

עכוז

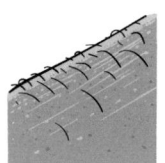

āda

עור

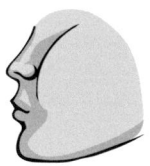

vaigs

לחי

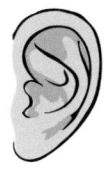

auss

אוזן

lūpa

שפתיים

mute

פה

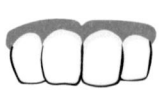

zobs

שן

mēle

לשון

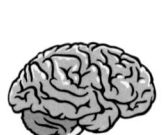

smadzenes

מוח

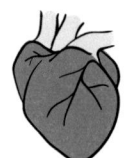

sirds

לב

muskulis

שריר

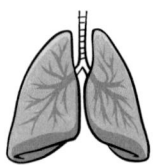

plaušas

ריאה

aknas

כבד

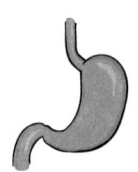

kuņģis

קיבה

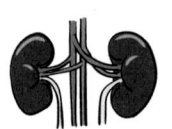

nieres

כליות

dzimumakts

מין

kondoms

קונדום

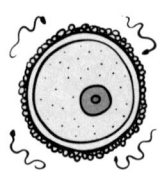

olšūna

ביצית

sperma

זרע

grūtniecība

הריון

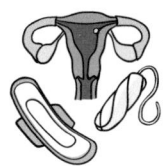

menstruācijas

ווסת

vagīna

נרתיק

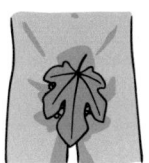

penis

פין

uzacs

גבה

mati

שיער

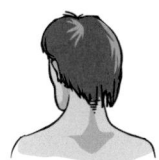

kakls

צוואר

slimnīca
בית חולים

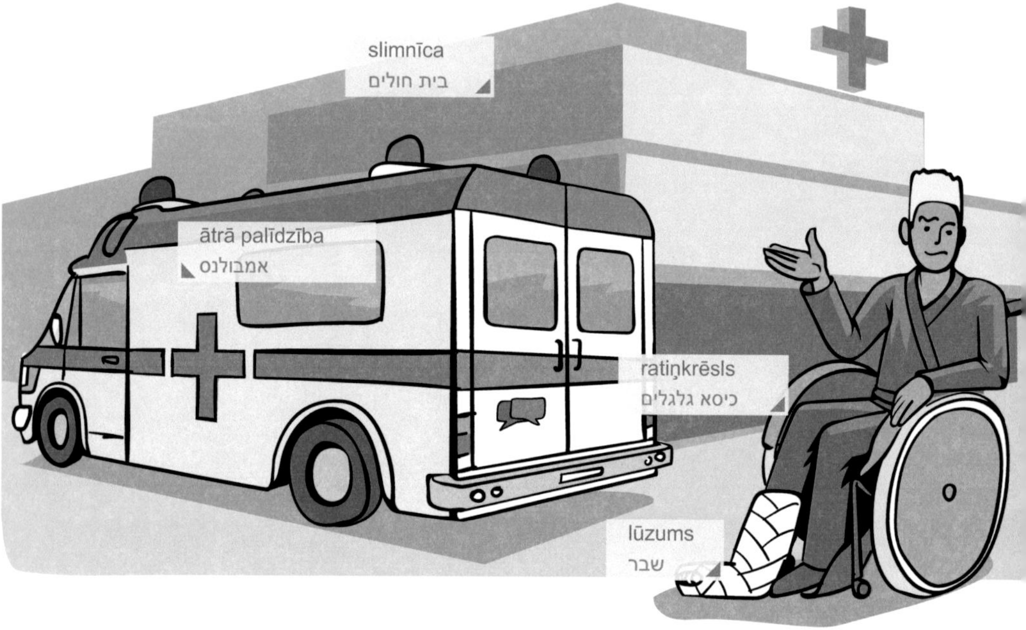

slimnīca
בית חולים
ātrā palīdzība
אמבולנס
ratiņkrēsls
כיסא גלגלים
lūzums
שבר

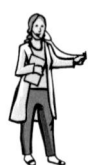

ārsts

רופא

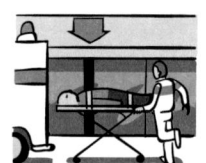

neatliekamās palīdzības nodaļa

חדר מיון

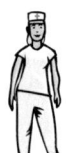

medmāsa

אחות

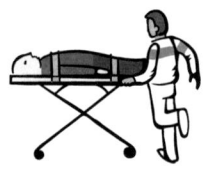

ārkārtas gadījums

חירום

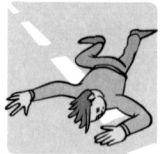

paģībis

חסר הכרה

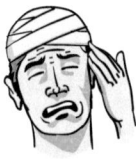

sāpes

כאב

ievainojums

פציעה

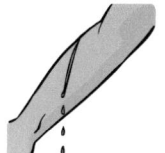

asiņošana

דימום

sirdslēkme

התקף לב

insults

שבץ

alerģija

אלרגיה

klepus

שיעול

temperatūra

חום

gripa

שפעת

caureja

שלשול

galvassāpes

כאב ראש

vēzis

סרטן

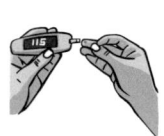

diabēts

סוכרת

ķirurgs

מנתח

skalpelis

אזמל

operācija

ניתוח

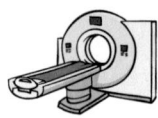

datortomogrāfija

סי-טי

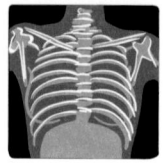

rentgents

רנטגן

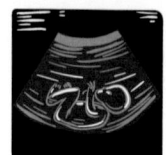

ultraskaņa

אולטרסאונד

sejas maska

מסיכת פנים

slimība

מחלה

uzgaidāmā telpa

חדר המתנה

kruķis

קבה

plāksteris

פלסטר

apsējs

תחבושת

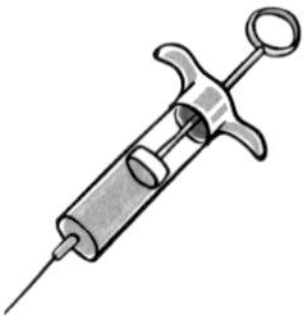

injekcija

זריקה

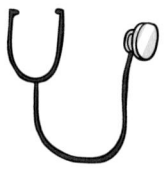

stetoskops

סטטוסקופ

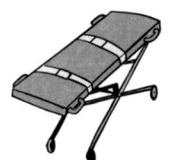

nestuves

אלונקה

termometrs

מד חום

dzemdības

לידה

liekais svars

עודף משקל

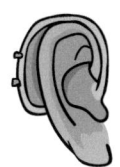

dzirdes aparāts

מכשיר שמיעה

dezinfekcijas līdzeklis

מחטא

infekcija

זיהום

vīruss

נגיף

HIV / AIDS

איידס

zāles

תרופה

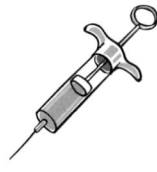

pote

חיסון

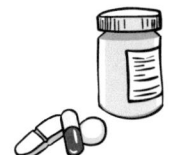

tabletes

טבליות

pretapaugļošanās tablete

גלולה

ārkārtas izsaukums

קריאת חירום

asinsspiediena mērītājs

מד לחץ דם

slims / vesels

חולה / בריא

ārkārtas gadījums

חירום

Palīgā!

הצילו!

trauksme

אזעקה

uzbrukums

פשיטה

uzbrukums

תקיפה

bīstamība

סכנה

avārijas izeja

יציאת חירום

Uguns!

אש!

ugunsdzēšamais aparāts

מטף כיבוי

negadījums

תאונה

pirmās palīdzības aptieciņa

ערכת עזרה ראשונה

SOS

הצילו!

policija

משטרה

zeme

כדור הארץ

Eiropa

אירופה

Ziemeļamerika

צפון אמריקה

Dienvidamerika

דרום אמריקה

Āfrika

אפריקה

Āzija

אסיה

Austrālija

אוסטרליה

Atlantijas okeāns

האוקיינוס האטלנטי

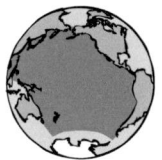

Klusais okeāns

האוקיינוס השקט

Indijas okeāns

האוקיינוס ההודי

Dienvidu okeāns

האוקיינוס האנטרקטי

Ziemeļu ledus okeāns

האוקיינוס הארקטי

Ziemeļpols

הקוטב הצפוני

Dienvidpols

הקוטב הדרומי

Antarktika

אנטארקטיקה

zeme

כדור הארץ

zeme

אדמה

jūra

ים

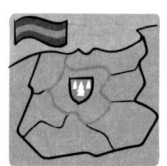

sala

אי

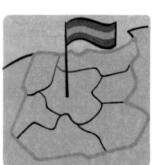

nācija

לאום

valsts

מדינה

pulkstenis

שעון

ciparnīca

פני השעון

stundu rādītājs

מחוג השעות

minūšu rādītājs

מחוג הדקות

sekunžu rādītājs

מחוג השניות

Cik ir pulkstenis?

מה השעה?

diena

יום

laiks

זמן

tagad

עכשיו

digitālais pulkstenis

שעון דיגיטלי

minūte

דקה

stunda

שעה

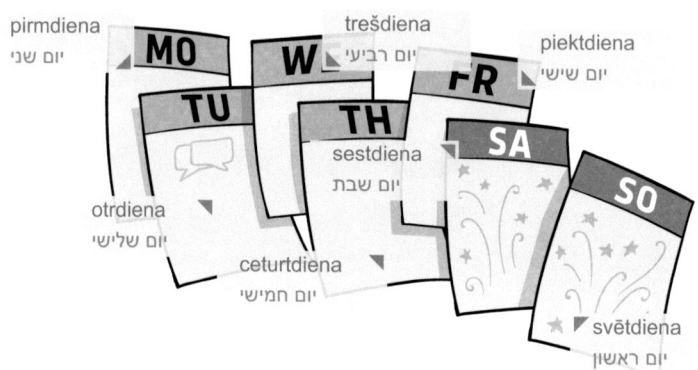

nedēļa

שבוע

pirmdiena
יום שני
otrdiena
יום שלישי
TU
trešdiena
יום רביעי
ceturtdiena
יום חמישי
piektdiena
יום שישי
sestdiena
יום שבת
svētdiena
יום ראשון

vakardien

אתמול

šodien

היום

rītdien

מחר

rīts

בוקר

pusdienlaiks

צהריים

vakars

ערב

darbadienas

ימי עבודה

brīvdienas

סוף שבוע

lietus
גשם
varavīksne
קשת בענן
vējš
רוח
sniegs
שלג
pavasaris
אביב
rudens
סתיו
vasara
קיץ
ziema
חורף

4.APRIL 11°
5.APRIL 4°
6.APRIL 13°
7.APRIL 8°
8.APRIL 10°

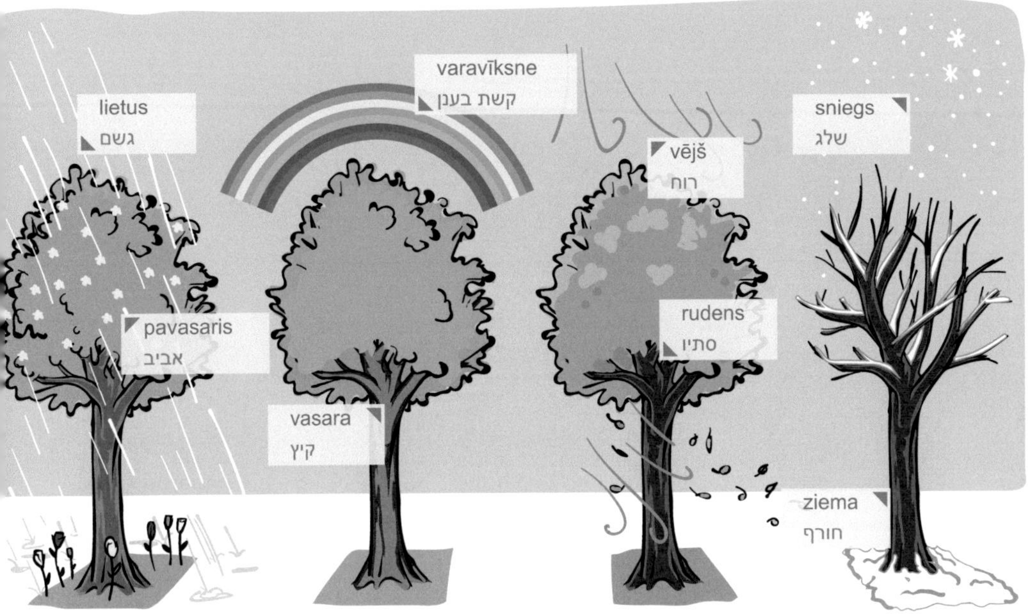

laika prognoze

תחזית מזג האוויר

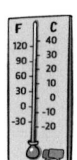

termometrs

מד חום

saules gaisma

אור שמש

mākonis

ענן

migla

ערפל

gaisa mitrums

לחות

zibens

ברק

pērkons

רעם

vētra

סערה

krusa

ברד

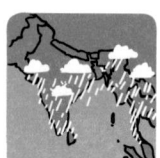

musons

רוח עונתי

plūdi

שיטפון

ledus

קרח

janvāris

ינואר

februāris

פברואר

marts

מרץ

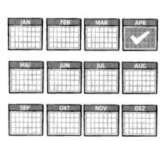

aprīlis

אפריל

maijs

מאי

jūnijs

יוני

jūlijs

יולי

augusts

אוגוסט

septembris

ספטמבר

oktobris

אוקטובר

novembris

נובמבר

decembris

דצמבר

formas

צורות

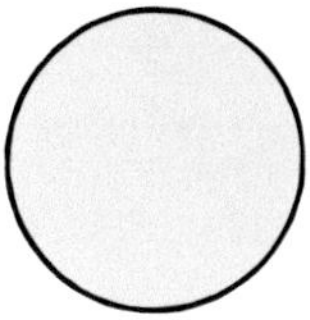

aplis

עיגול

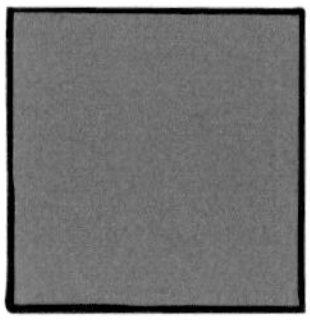

kvadrāts

מרובע

četrstūris

מלבן

trīsstūris

משולש

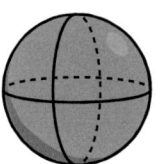

lode

כדור

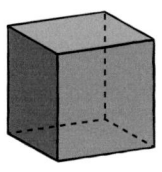

kubs

קובייה

krāsas

צבעים

balts

לבן

dzeltens

צהוב

oranžs

כתום

sārts

ורוד

sarkans

אדום

lillā

סגול

zils

כחול

zaļš

ירוק

brūns

חום

pelēks

אפור

melns

שחור

pretstati

הפכים

daudz / maz

הרבה / מעט

saniknots / miermīlīgs

כועס / רגוע

skaists / neglīts

יפה / מכוער

sākums / beigas

התחלה / סוף

liels / mazs

גדול / קטן

gaišs / tumšs

בהיר / כהה

brālis / māsa

אח / אחות

tīrs / netīrs

נקי / מלוכלך

pilnīgs / nepilnīgs

שלם / חלקי

diena / nakts

יום /לילה

miris / dzīvs

מת / חי

plats / šaurs

רחב / צר

baudāms / nebaudāms

אכיל / לא אכיל

nikns / laipns

רשע / טוב לב

satraukts / garlaikots

מתרגש / משועמם

resns / tievs

שמן / רזה

pirmais /pēdējais

ראשון / אחרון

draugs / ienaidnieks

חבר / אויב

pilns / tukšs

מלא / ריק

ciets / mīksts

קשה / רך

smags / viegls

כבד / קל

izsalkums / slāpes

רעב / צמא

slims / vesels

חולה / בריא

nelegāls / legāls

בלתי-חוקי / חוקי

inteliģents / dumjš

נבון / טיפש

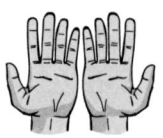

kreisais / labais

שמאל / ימין

tuvu / tālu

קרוב / רחוק

jauns / lietots

חדש / משומש

nekas / kaut kas

כלום / משהו

vecs / jauns

זקן / צעיר

ieslēgts / izslēgts

פעיל / כבוי

atvērts / slēgts

פתוח / סגור

kluss / skaļš

שקט / רועש

bagāts / nabags

עשיר / עני

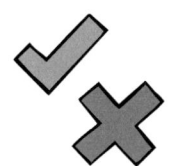

pareizi / nepareizi

נכון / שגוי

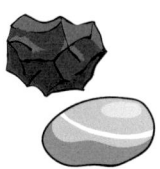

raupjš / gluds

מחוספס / חלק

noskumis / laimīgs

עצוב / שמח

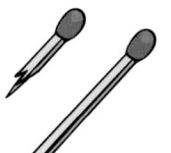

īss / garš

קצר / ארוך

lēns / ātrs

איטי / מהיר

slapjš / sauss

רטוב / יבש

silts / vēss

חם / קר

karš / miers

מלחמה / שלום

skaitļi
מספרים

0

nulle

אפס

1

viens

אחת

2

divi

שתיים

3

trīs

שלוש

4

četri

ארבע

5

pieci

חמש

6

seši

שש

7

septiņi

שבע

8

astoņi

שמונה

9

deviņi

תשע

10

desmit

עשר

11

vienpadsmit

אחת-עשרה

12
divpadsmit

שתים-עשרה

13
trīspadsmit

שלוש-עשרה

14
četrpadsmit

ארבע-עשרה

15
piecpadsmit

חמש-עשרה

16
sešpadsmit

שש-עשרה

17
septiņpadsmit

שבע-עשרה

18
astoņpadsmit

שמונה-עשרה

19
deviņpadsmit

תשע-עשרה

20
divdesmit

עשרים

100
simts

מאה

1.000
tūkstotis

אלף

1.000.000
miljons

מיליון

Valodas

שפות

angļu

אנגלית

amerikāņu angļu

אנגלית אמריקאית

ķīniešu mandarīnu valoda

סינית מנדרינית

hindi

הודית

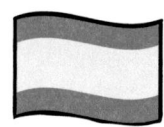

spāņu

ספרדית

franču

צרפתית

arābu

ערבית

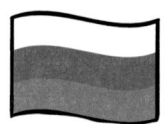

krievu

רוסית

portugāļu

פורטוגזית

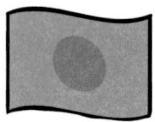

bengāļu

בנגלית

vācu

גרמנית

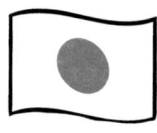

japāņu

יפנית

kas / ko / kā
מי / מה / איך

es
אני

tu
אתה / את

viņš / viņa
הוא / היא / זה

mēs
אנחנו

jūs
אתם

viņi / viņas
הם

kas?
מי?

ko?
מה?

kā?
איך?

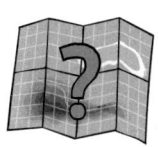

kur?
איפה?

kad?
מתי?

vārds
שם

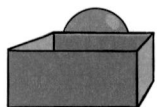

kur
איפה

aiz

מאחור

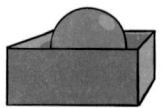

iekšā

בתוך

priekšā

לפני

virs

מעל

uz

על

zem

מתחת

blakus

ליד

starp

בין

vieta

מקום